Inhalt

1. Lesestufe

Cee Neudert • THiLO • Markus Grolik

Zauberhafte Einhorngeschichten

Mit Bildern von Julia Gerigk,

Lila L. Leiber und Markus Grolik

Ravensburger

Bibliografische Information der Deutschen Nationalbibliothek:

Die Deutsche Nationalbibliothek verzeichnet diese Publikation
in der Deutschen Nationalbibliografie.
Detaillierte bibliografische Daten sind im Internet
über http://dnb.d-nb.de abrufbar.

1 3 5 4 2

Ravensburger Leserabe
Diese Ausgabe enthält die Bände
„Rosa und das Einhorn" von Cee Neudert
mit Illustrationen von Julia Gerigk, „Die Prinzessin und das Einhorn" von THiLO
mit Illustrationen von Lila L. Leiber, „Elfi Zauberfee und das Einhorn" von Markus Grolik
mit Illustrationen vom Autor.
© 2018, 2010, 2011 Ravensburger Verlag GmbH

© 2022 Ravensburger Verlag GmbH
Postfach 2460, 88194 Ravensburg
für die vorliegende Ausgabe
Umschlagbild: Matthias Derenbach
Konzept Leserätsel: Dr. Birgitta Reddig-Korn
Printed in Germany
ISBN 978-3-473-46226-1

ravensburger.com
www.leserabe.de

Cee Neudert

Rosa und das Einhorn

Mit Bildern von Julia Gerigk

Figuren

Rosa ist eine Prinzessin.
Sie spielt gern im Garten.
Dort gibt es viel zu entdecken!

Das kleine **Einhorn**
hat sich verlaufen.
Es sucht seine Eltern.

1. Im Garten

Rosa spielt im Garten.
Da raschelt es.
Was kann das sein?

Rosa sieht sich um.
Ein weißes Tier versteckt sich
zwischen den Blumen.
Ist das ein Pony?

„Hallo!", ruft Rosa leise.
„Komm raus! Ich tu dir nichts!"

Sie biegt die Blüten beiseite
und entdeckt –
ein kleines Einhorn!

Ängstlich sieht es Rosa an.
„Ich hab mich verirrt!", wiehert es.
„Jetzt weiß ich nicht mehr,
wo Mama und Papa sind!"

Dem kleinen Einhorn
tropft eine Träne aus dem Auge.

„Nicht weinen!", tröstet Rosa.
„Wir suchen deine Eltern.
Ich helfe dir."
„Danke", schnieft das Einhorn.

Rätsel 1 **Wer hat sich hinter der Blume versteckt?**

Bringe die Buchstaben in die richtige
Reihenfolge!

Lösung: ☐ ☐ ☐ ☐ ☐ ☐ ☐

Wen wollen Rosa und das Einhorn suchen?

Rätsel 2

Folge den Linien!

2. Im Wald

Als Erstes suchen Rosa
und das kleine Einhorn im Wald.
„Mama? Papa?", ruft das Einhorn.

Rosa war schon oft im Wald.
Aber ein Einhorn
hat sie hier noch nie gesehen.
Einhörner sind scheu!

Plötzlich sieht Rosa
einen hellen Schimmer
zwischen den Bäumen.

Vor ihnen steht
ein wunderschönes, blaues Einhorn.
Es ist die Waldkönigin.

„Ist das deine Mama?",
flüstert Rosa
dem kleinen Einhorn zu.
„Nein", erwidert es.

„Kleines Einhorn",
sagt die Waldkönigin.
„Du musst noch weitergehen.
Ich kenne deine Eltern nicht."

Zum Trost berührt sie
mit ihrem Horn
das Horn des kleinen Einhorns.

Leserabe
Leserätsel

Rätsel 1 **Wer hat sich hinter der Blume versteckt?**

Bringe die Buchstaben in die richtige Reihenfolge!

Rosa und das Einhorn suchen im

Wolf	**Wald**	**Wand**

Die Waldkönigin ist

blond	**grau**	**blau**

Sie berührt das Einhorn mit dem

Korn	**Horn**	**Zorn**

20

Findest du die fünf Unterschiede?

Lösungen
Rätsel 1: Wald, blau, Horn
Rätsel 2: Krone, Kleid, Einhorn, Huf, Kobold

3. Am Meer

Hinter dem Wald ist das Meer.
Am Strand sitzen zwei Nixen.
Rosa erzählt ihnen von ihrer Suche.

Die Nixen rufen:
„Drei, zwei, eins – Einhorn komm!"

Sofort beginnt das Meer
zu gluckern und zu spritzen.
Aus dem Wasser taucht ein Einhorn,
durchsichtig wie aus Glas.
Es ist der Meerkönig.

„Ich habe vorhin
ein graues Einhorn gesehen",
schnaubt er.
„Es galoppierte Richtung Berge!"

„Das war bestimmt mein Papa!",
ruft das kleine Einhorn.
„Dann schnell!",
sagt der Meerkönig.

Aus dem Wasser steigt
eine große Muschel.
Rosa und das kleine Einhorn
setzen sich hinein wie in ein Boot.

Los geht's!
Die Nixen winken ihnen hinterher.

Rätsel 1 **Versteckte Wörter**

Findest du fünf Wörter?

S	T	R	A	N	D
M	X	D	S	A	M
E	B	N	I	X	E
B	O	O	T	W	E
W	A	S	S	E	R

Bilderrätsel

4. In der Höhle

„Ob wir da hinauf müssen?",
fragt Rosa.
Die Berge vor ihnen sind hoch.

Doch das kleine Einhorn
schnuppert am Boden.
„Eine Spur!", sagt es.

Die Spur führt zu einer Höhle.
Darin schnarcht jemand.
„Papa?", ruft das Einhorn.
Das Schnarchen hört auf.
„Jaaa?", kommt es zurück.

Was jetzt?
Rosa und das Einhorn
gehen in die Höhle hinein.

Hu, ist das dunkel!
„Gruselig!", flüstert Rosa.
Da beginnt das Licht
der Waldkönigin zu leuchten.

„Hoppla!", sagt der Drache,
der in der Höhle wohnt.
„Ihr seid aber nicht meine Kinder!"

Nein, das sind sie nicht.
Deshalb laufen die beiden
jetzt ganz schnell wieder hinaus.

Leserätsel

Ganz schön spannend!

Ordne die Sätze den Bildern zu!

A) „Gruselig!", flüstert Rosa.

B) Die Spur führt zu einer Höhle.

C) „Hoppla!", sagt der Drache.

1   2   3

Folge dem Weg und sammle die Buchstaben!

Wohin will der Drache?

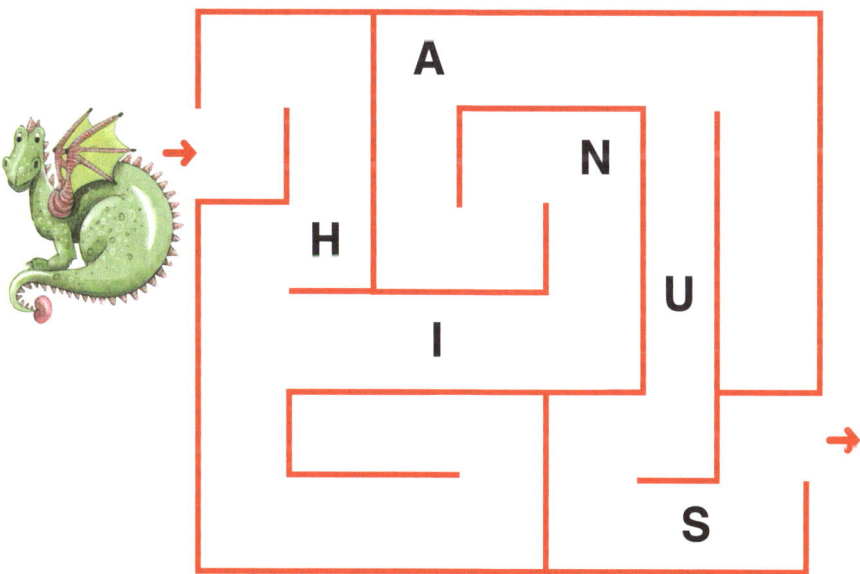

5. Über die Berge

„Hätten wir nur Flügel!",
keucht Rosa.
Sie und das Einhorn
klettern den Berg hoch.

Es ist steil.
Es ist anstrengend.
Beide sind schon sehr müde.

„Braucht ihr Hilfe?"
Rosa sieht sich um.
Über ihnen schwebt ein Einhorn
mit Flügeln: die Luftkönigin!

Das kleine Einhorn wiehert froh.
„Nimm uns mit!", ruft es.
„Ich will zurück zu meinen Eltern!"

Die Luftkönigin landet.
Rosa und das kleine Einhorn
klettern auf ihren Rücken.
Dann fliegen sie los.

Wie toll das ist!
Die Luftkönigin
trägt sie über die Berge.

Auf der anderen Seite
ist ein Tal mit vielen Blumen.
„Da!", wiehert das kleine Einhorn.
„Da bin ich zu Hause!"

Leserabe
Leserätsel

Welches Wort passt nicht in die Reihe?

fliegen, tanzen, klettern, Stuhl

Drache, Nixe, Lehrerin, Einhorn

blau, groß, gelb, rot

Wo leben Einhörner?

Rätsel 2

Ersetze die Bilder durch die Anfangsbuchstaben.

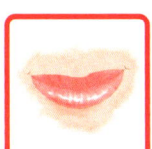   

6. Zu Hause

Kaum sind sie gelandet,
kommen schon zwei große
Einhörner angaloppiert.

„Mondlicht! Da bist du ja!",
rufen sie.
„Wir haben dich überall gesucht!"

Dann kommen die Eltern zu Rosa,
um sich zu bedanken.
„Besuch uns, wann immer

du willst!", sagen sie.
„Wir sind deine Freunde!"

Heute ist es schon spät.
„Ich muss heim",
sagt Rosa zum kleinen Einhorn.
„Aber morgen sehen wir uns wieder, ja?"

Mondlicht nickt
und schmiegt sich an seine Mama.

Mondlichts Papa nimmt Rosa
auf seinen Rücken und Rosa reitet
auf einem Einhorn nach Hause.

Leserabe
Leserätsel

Wie heißt das kleine Einhorn?

Verbinde die Buchstaben in der richtigen
Reihenfolge!

ND

LI

MO

CHT

Kennst du den Text?

Rosa ist eine

(Seite 8)

Am Strand sitzen zwei

(Seite 22)

Die Spur führt zu einer

(Seite 29)

THiLO

Die Prinzessin
und das Einhorn

Mit Bildern von Lila L. Leiber

Merkwürdige Spuren

Das Fest der Könige ist vorbei.
Fröhlich steigen fünf Prinzessinnen
in die goldene Kutsche.
„Endlich fahren wir nach Hause!",
rufen sie.

Nur die kleinste Schwester ist sauer.
„Ich will reiten so wie Papa!",
schimpft Prinzessin Fabiola.

Aber ihre Mutter schüttelt den Kopf.
„Das ist zu gefährlich", sagt die Königin.
„Du bist erst sieben Jahre alt!"

Fabiola schmollt.
Zur Strafe spricht sie
kein Wort mit ihrer Mutter.
Lieber sieht sie aus dem Fenster.

Nach ein paar Stunden
bleibt die Kutsche
plötzlich stehen.
„Wir müssen einen Baum
vom Weg räumen!",
erklärt der König.

Endlich passiert etwas Spannendes!
Fabiola blickt zu ihrer Mutter.
Sie ist längst eingeschlafen
ebenso wie ihre Schwestern.
Unbemerkt schlüpft Fabiola
aus der Kutsche.

Die Männer des Königs
ächzen und stöhnen.
Der Baum ist furchtbar schwer.

Fabiola will alles genau beobachten.
Doch was ist das?

Zwischen zwei Bäumen entdeckt sie
seltsame Abdrücke.
Wie von einem Pferd.
Aber der Huf ist gespalten!

Wo die Spur wohl hinführt?,
denkt die kleine Prinzessin.
Leise geht sie tiefer in den Wald.

Plötzlich hört sie Hufe trappeln.
Die Kutsche fährt weiter!

„Halt!", ruft Fabiola.
„Ihr habt mich vergessen!"
Hastig versucht sie,
ihre Familie einzuholen.

Da bleibt sie mit dem Schuh
an einer Wurzel hängen.
Die kleine Prinzessin fällt hin.

Sofort will Fabiola wieder aufstehen.
Aber es tut zu weh.
Ihr Fuß beginnt anzuschwellen.

Fabiola kullert eine Träne
über die Wange.
Was soll sie jetzt bloß tun?

Überraschung auf leisen Hufen

Ganz allein hockt Fabiola im Wald.
Es wird immer dunkler.
Bald ist es Nacht.

„Hilfe!", ruft die kleine Prinzessin.
Aber wer soll sie hören?

Plötzlich knackt ein Ast.
Erschrocken dreht sich Fabiola um.

Hinter einem großen Baum
steht ein Einhorn!
Es hat ein schneeweißes Fell
und ist noch ganz jung.

Fabiola streckt die Arme aus.
„Hallo, du", flüstert sie.
„Komm doch mal her!"

Zuerst schüttelt das Einhorn
nur seine lange Mähne.
„Ich tue dir nichts!",
sagt Fabiola leise.

Da scharrt das Einhorn
mit den Hufen.
Langsam kommt es näher.
Es ist wunderschön!

Fabiola will so gerne
sein Fell streicheln.
Aber als sie aufsteht,
tut ihr Fuß wieder so weh.

Da beugt das Einhorn
den Kopf hinunter.
Mit seinem Horn
berührt es Fabiolas Fuß.

Für einen Moment scheint der Wald
in helles Licht getaucht zu sein.

Dann springt Fabiola auf.
„Es tut nicht mehr weh!", jubelt sie.
Glücklich tanzt sie über das Moos.

„Ich heiße Adala",
sagt das Einhorn plötzlich.
Es hat gar nicht das Maul bewegt.
Und doch hat Fabiola
die Worte deutlich gehört.

64

Langsam geht Adala in die Knie.
„Komm, wir spielen!", wispert sie.

Fabiola darf
auf ihren Rücken klettern.
Langsam trabt das Einhorn vorwärts.

Dann bleibt Adala stehen
und sieht in den Himmel.
Der Vollmond blitzt
durch die Baumkronen.

„Oh, höchste Zeit!", ruft Adala.
„Schnell, sonst komme ich zu spät!"
Für Fabiola bleibt keine Zeit
abzusteigen.

Die Versammlung der Einhörner

Schnell wie der Wind
rennt das Einhorn
mit Fabiola
durch den Wald.

„Heute Nacht versammeln
sich alle Einhörner der Welt!",
erklärt Adala.
„Menschen dürfen dort nicht hin.
Kannst du ein Geheimnis
für dich behalten?"

Fabiola nickt.
„Ich werde niemandem
von heute Nacht erzählen!",
verspricht sie.

Adala stoppt.
Die kleine Prinzessin
rutscht von ihrem Rücken herunter.
Schnell versteckt sie sich im Gebüsch.

Adala geht langsam weiter.
Neben einem Wasserfall
bleibt sie stehen.

Fabiola staunt.
Mehr und mehr Einhörner
kommen auf die Wiese.
Ruhig beschnuppern sie sich.

Plötzlich betritt ein altes Einhorn
den Platz. Sein Fell ist schon grau.
„Adala, trete vor!", ruft es.
„Und bringe auch deine Mutter mit!"

Langsam gehen Adala
und ihre Mutter zu dem Grauen.
„Du bist nun alt genug", sagt er.
„Verabschiede dich von deiner Mutter
und suche dir einen eigenen Wald!"

Adala reißt erschrocken die Augen auf.
„Aber ich kenne keinen Wald
ohne Einhorn!", stammelt sie.
„Kannst du mir helfen, Mama?"

Adalas Mutter schüttelt ihre Mähne.
„Das darf ich nicht!"

In ihrem Busch ballt Fabiola
die Fäuste.
„Aber ich!", flüstert sie.

Unser Geheimnis!

Mit hängendem Kopf
trabt Adala in den Wald zurück.

Schnell klettert Fabiola
wieder auf ihren Rücken.
Die anderen Einhörner merken nichts.

„Kannst du ein Geheimnis
für dich behalten?", fragt nun Fabiola.

Adala nickt.
„Ich werde niemandem
von heute Nacht erzählen",
verspricht sie.

Fabiola lacht.

„Im Wald neben unserem Schloss
lebt kein anderes Einhorn.
Sonst hätte ich längst
seine Spuren gefunden!"

Fröhlich macht Adala
einen großen Satz vorwärts.
Dann läuft sie los.

Fabiola kuschelt sich ganz tief
in ihre Mähne und schläft ein.

Im Morgengrauen wird die Prinzessin
durch laute Trompeten geweckt.
Sie stehen vor ihrem Schloss.

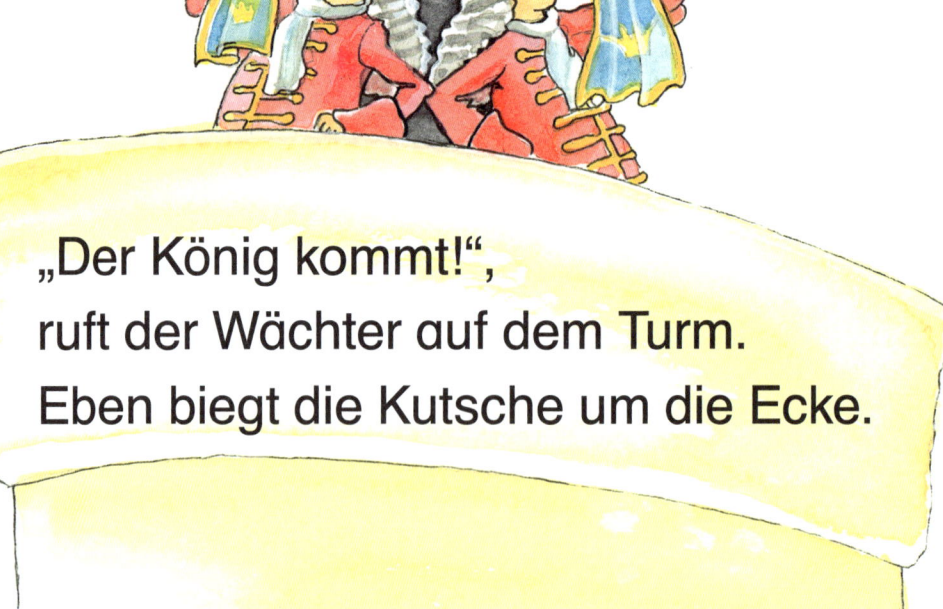

„Der König kommt!",
ruft der Wächter auf dem Turm.
Eben biegt die Kutsche um die Ecke.

Schnell
springt Fabiola ab.
„Verschwinde im Wald",
sagt sie.
Dann drückt sie Adala
einen dicken Kuss
auf die Nase.

Das Einhorn wiehert.
Ehe Fabiola blinzeln kann,
ist es verschwunden.

Die Kutsche kommt zum Stehen.
Leise öffnet Fabiola die Tür
und setzt sich auf ihren Platz.

Davon werden die Königin
und die fünf Schwestern wach.

„Hattest du eine schöne Nacht?",
fragt ihre Mutter und gähnt.

Fabiola nickt und lächelt.
„Einfach zauberhaft!", flüstert sie.
Mehr verrät sie nicht.

Markus Grolik

Elfi Zauberfee und das Einhorn

Mit Bildern vom Autor

Im Zauberwald

Langsam geht die Sonne
hinter den Bergen unter.
Wie jeden Abend
laufen die Einhörner
zu einem geheimen Pfad.

Der Pfad führt zum Kristallsee.

Dort wartet ein alter Mann.

Es ist der Zauberer Merlin.

Merlin ist der Hüter der Einhörner.
Mit seinem Floß bringt er
die Einhörner nach Hause
auf die Insel der Nebel-Elfen.

Das kleine Einhorn Goldhuf trödelt.
Es bleibt stehen, schnuppert
und hebt den Kopf.

Aus dem Wald duftet es
nach Zuckerfarn.
Das ist die Lieblingsspeise
des kleinen Einhorns.

Zuckerfarn habe ich so lange
nicht mehr gefressen,
überlegt das kleine Einhorn
und verlässt den Weg.

Goldhuf läuft in den Zauberwald.
Mitten auf einer Lichtung
findet das kleine Einhorn Zuckerfarn.

„Hm, schmeckt lecker!",
schmatzt Goldhuf glücklich.

Das kleine Einhorn schaut sich um.
Nebel kriecht über den Waldboden.
Der Weg ist nicht mehr zu sehen.

Goldhuf bekommt Angst.
„Ich muss schnell nach Hause",
wiehert Goldhuf und läuft los.

„Wo seid ihr?", ruft Goldhuf
nach den anderen Einhörnern.
Niemand antwortet.
Ein Rabe krächzt in den Bäumen.

Goldhuf erschrickt
und läuft schnell davon.
„Halt, bleib doch stehen!",
ruft der Rabe.
Doch Goldhuf rennt tiefer
in den Zauberwald hinein.

Retterin gesucht!

Am Rande des Zauberwaldes
liegt eine große Wiese.
Dort steht das Feenschloss.

Im Schloss lebt Elfi Zauberfee
mit ihrer Mutter.
Elfi hilft ihrer Mutter,
die Tasche mit Feenstaub zu füllen.
Elfis Mutter fliegt jede Nacht
in die Stadt zu den Menschen,
um Wünsche zu erfüllen.

Elfis Mutter nimmt die Tasche
mit Feenstaub
und gibt Elfi einen Gutenachtkuss.
Dann fliegt sie los.
Elfi winkt ihr noch lange nach.

Elfi krabbelt in ihr Blütenbett
und träumt von der Feenschule.
„In der Feenschule lerne ich
zaubern und Wünsche erfüllen,
auch ganz schwierige."

Elfi gähnt und kuschelt sich
in ihr Kissen.

„Hilfe! Ich brauche Hilfe!",
krächzt der Rabe.

„Was ist denn passiert?",
fragt Elfi.

„Ein kleines Einhorn hat sich
im Zauberwald verlaufen.
Ich wollte ihm helfen,
aber es hatte Angst vor mir.
Nur eine Zauberfee kann ihm helfen",
sagt der Rabe aufgeregt.

„Mama ist nicht da", erwidert Elfi.
„Dann komm du! Schnell!",
krächzt der Rabe.

„Aber ich bin noch gar keine
richtige Zauberfee", sagt Elfi.
„Ich lerne erst,
Wünsche zu erfüllen."

„Macht nichts. Hauptsache,
du kommst mit
und hilfst das Einhorn suchen",
sagt der Rabe.
Elfi überlegt.

„Wir haben keine Zeit zu verlieren",
krächzt der Rabe
und flattert zum Fenster.

Elfi springt aus dem Bett
und zieht ihre Schuhe an.

„Da geht's lang!", ruft der Rabe
und zeigt Elfi den Weg
in den Zauberwald.

Schließlich landet der Rabe
auf dem Ast einer Buche.

„Da unten habe ich das Einhorn
zuletzt gesehen,
bevor es weiter
in den Wald gelaufen ist",
erklärt der Rabe besorgt.

„Lass uns am Boden
weitersuchen", sagt Elfi.

Eine abenteuerliche Suche

Elfi und der Rabe klettern
über Wurzeln und Steine.

„Da drüben ist eine Höhle.
Vielleicht ist das Einhorn
da hineingelaufen!",
ruft Elfi und fliegt zum Eingang.

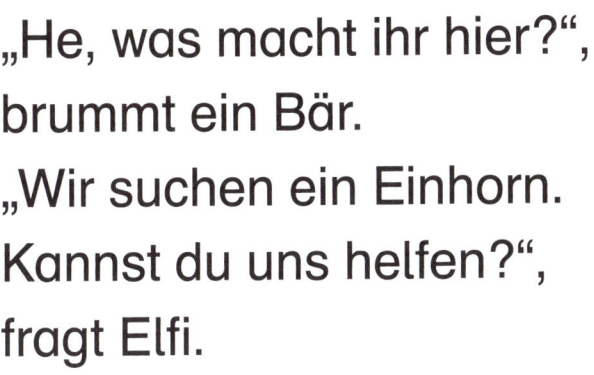

„He, was macht ihr hier?",
brummt ein Bär.
„Wir suchen ein Einhorn.
Kannst du uns helfen?",
fragt Elfi.

„Hier ist kein Einhorn.
Sucht gefälligst woanders",
knurrt der Bär.

„Was machen wir jetzt?",
fragt Elfi ratlos.

Da raschelt es im Gebüsch.
„Kann ich euch helfen?",
fragt ein Hase.

„Hast du ein kleines Einhorn
gesehen?", fragt Elfi.
Der Hase schüttelt den Kopf.
„Schade", seufzt Elfi enttäuscht.

„Fragt mal das Eichhörnchen.
Das kommt viel herum
und kriegt alles mit", sagt der Hase
und deutet auf den Wipfel
einer hohen Tanne.

„Hallo, kannst du uns helfen?",
fragt Elfi.
„Sucht ihr vielleicht ein Einhorn?",
fragt das Eichhörnchen.

„Ja, hast du es gesehen?",
fragt Elfi.
„Es hat sich im Gestrüpp verfangen.
Kommt, ich zeige euch, wo es ist",
erklärt das Eichhörnchen.

Flink springt das Eichhörnchen
von Ast zu Ast.
„Nicht so schnell!", ruft Elfi.

Das Eichhörnchen klettert
einen Stamm hinunter und winkt:
„Da drüben ist es!"

„Ich bin Elfi Zauberfee.
Ich bin gekommen,
um dir zu helfen", sagt Elfi.

„Ich heiße Goldhuf.
Mein Bein ist in einer Wurzel
eingeklemmt",
schnaubt das Einhorn erschöpft.

Elfi tastet vorsichtig
nach Goldhufs Vorderfuß.
Er sitzt in einer Schlingwurzel fest.

Sosehr sich Elfi auch anstrengt,
der Fuß lässt sich nicht befreien.

Und was nun?

„Ich bin nicht stark genug,
um dich zu befreien", seufzt Elfi.
„Aber du bist doch eine Zauberfee",
wiehert Goldhuf.
„Zaubern muss ich erst lernen",
sagt Elfi leise.

„Wir brauchen jemanden,
der uns hilft", krächzt der Rabe.
„Aber wen denn?", schnaubt Goldhuf.

„Jemanden, der richtig stark ist",
überlegt der Rabe.
Elfi lacht.
„Genau, und zwar bärenstark."

„Du schon wieder", brummt der Bär.
„Lieber, Bär, stimmt es,
was alle sagen?",
fragt Elfi mit honigsüßer Stimme.

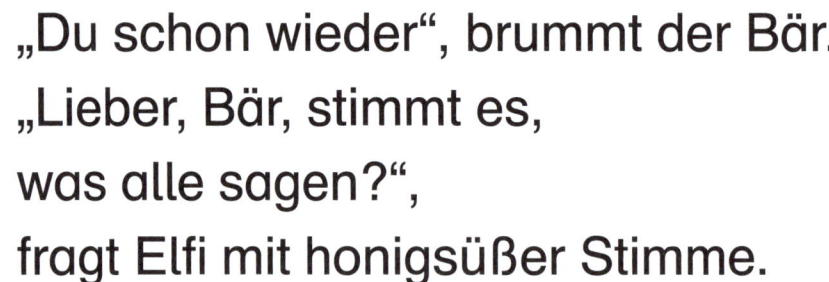

„Was denn?",
fragt der Bär.
„Dass du soo stark bist", sagt Elfi.
„Bääärenstark!" Der Bär nickt.
„Kannst du mir das zeigen?",
fragt Elfi.
„Und wie?", überlegt der Bär.

„Komm einfach mit", sagt Elfi
und der Bär tapst hinter ihr her.

„Keine Angst, der Bär tut dir nichts",
beruhigt Elfi Goldhuf.
Mit seinen Pranken biegt der Bär
die Wurzel auseinander.
Goldhuf wiehert erleichtert:
„Danke."

Elfi schaut sich den wunden Fuß
des Einhorns an.
„Das muss ich verbinden", sagt sie.

Der Rabe und das Eichhörnchen
holen Misteln aus den Bäumen.
Elfi macht damit einen Verband.

Der Bär hat eine Trage gebaut.
Gemeinsam bringen Elfi
und die Waldtiere das Einhorn zurück
zum Kristallsee.

Am Ufer wartet der Zauberer Merlin.
Er umarmt das kleine Einhorn.
Goldhuf erzählt ihm,
was passiert ist.

„Zum Glück hat dich eine Zauberfee
gerettet", lacht Merlin erleichtert.
„Ohne meine Freunde
aus dem Zauberwald
hätte ich es
nie geschafft",
entgegnet Elfi.

Merlin bedankt sich
und bringt Goldhuf auf das Floß.

„Darf ich euch mal besuchen?",
ruft Goldhuf zum Abschied.
„Das wäre toll. Darf ich dann auch
mal auf dir reiten?", fragt Elfi.
„Versprochen!", wiehert Goldhuf.

Rätsel für die Rabenpost

Fülle die Lücken aus. Trage die Buchstaben in die richtigen Kästchen ein. So findest du das Lösungswort für die Rabenpost heraus!

Im Wald stolpert Pinzessin Fabiola über eine

W		Z		
	5		1	

. (Seite 56)

Am Morgen wird Fabiola durch laute

	R		P		E	
						3

geweckt. (Seite 80)

Merlin ist der

	Ü		R
4			

der Einhörner. (Seite 88)

Elfi macht dem verletzten Einhorn einen Verband aus

M				L	
	2				6

. (Seite 118)

Lösungswort

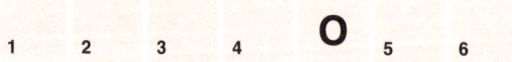

1	2	3	4	O	5	6

Hast du das Lösungswort herausgefunden?
Dann kannst du jetzt tolle Preise gewinnen.

Gib das Lösungswort auf der **Leserabe**-Website
ein oder schick es mit der
Post an folgende Adresse:

An den Leseraben
Rabenpost
Postfach 2007
88190 Ravensburg
Deutschland

Lösungswort

An
den LESERABEN
RABENPOST
Postfach 2007
88190 Ravensburg
Deutschland

**Bitte frage
deine Eltern!***

Leichter lesen lernen mit der Silbenmethode

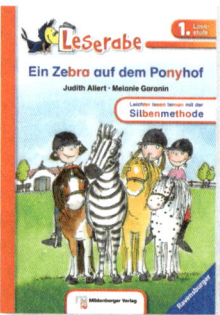
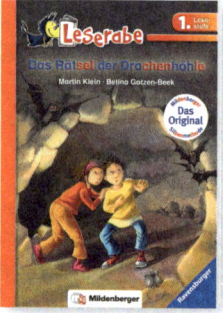

ISBN 978-3-473-**38573**-7*
ISBN 978-3-619-**14440**-2**

ISBN 978-3-473-**38563**-8*
ISBN 978-3-619-**14473**-0**

ISBN 978-3-473-**38576**-8*
ISBN 978-3-619-**14442**-6**

ISBN 978-3-473-**38552**-2*
ISBN 978-3-619-**14443**-3**

ISBN 978-3-473-**38544**-7*
ISBN 978-3-619-**14355**-9**

ISBN 978-3-473-**38095**-4*
ISBN 978-3-619-**14448**-8**

ISBN 978-3-473-**38553**-9*
ISBN 978-3-619-**14447**-1**

ISBN 978-3-473-**38572**-0*
ISBN 978-3-619-**14445**-7**

ISBN 978-3-473-**38570**-6*
ISBN 978-3-619-**14483**-9**

ISBN 978-3-473-**38565**-2*
ISBN 978-3-619-**14480**-8**

ERZ_21_008

** **Gebundene Ausgabe** bei Mildenberger   * **Broschierte Ausgabe** bei Ravensburger

Durchstarten und leichter lesen!

▶ **Kurze Sätze**
▶ **Einfache Sprache**
▶ **Coole Themen**

ISBN 978-3-473-**36141**-0

ISBN 978-3-473-**49170**-4

ISBN 978-3-473-**49199**-5

ISBN 978-3-473-**36139**-7

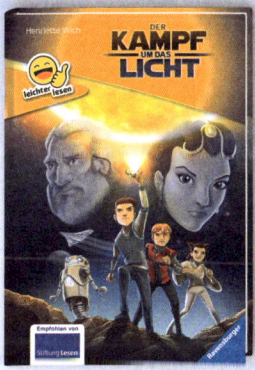

ISBN 978-3-473-**36140**-3

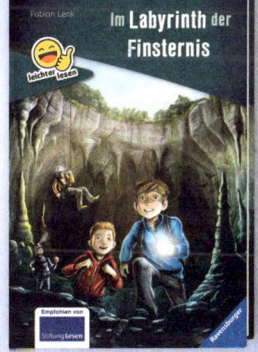

ISBN 978-3-473-**36138**-0

ISBN 978-3-473-**46004**-5

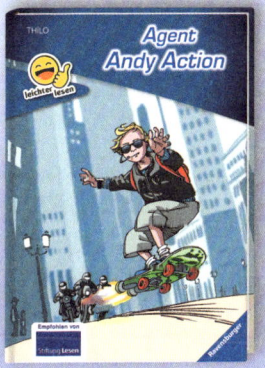

ISBN 978-3-473-**46005**-2

Ravensburger

Leserabe

Lesen lernen wie im Flug!

In drei Stufen vom Lesestarter zum Leseprofi

Vor-Lesestufe
Ab Vorschule

ISBN 978-3-473-46022-9

ISBN 978-3-473-46023-6

ISBN 978-3-473-46024-3

1. Lesestufe
Ab 1. Klasse

ISBN 978-3-473-46025-0

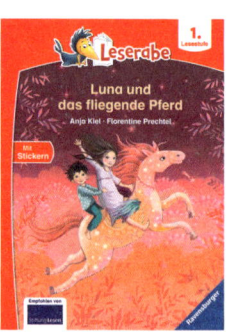

ISBN 978-3-473-46026-7

ISBN 978-3-473-46027-4

2. Lesestufe
Ab 2. Klasse

ISBN 978-3-473-46028-1

ISBN 978-3-473-46029-8

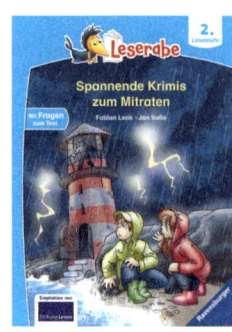

ISBN 978-3-473-46066-3

ERZ 21 002